Lecker wie noch nie!

INHALTSVERZEICHNIS

9 Stücke

Tipp für Variante:
Anstatt Rhabarber können Sie auch andere Obstsorten verwenden z.B. Himbeeren, Birne usw.

Dazu servieren Sie SCHLAGSAHNE

Schneller Rhabarber KUCHEN

Pro Stück: 283 kcal | 33 g KH | 5 g EW | 14 g Fett

ZUTATEN

3 Eier
120 g Zucker
100 g Butter, in Stücken
25 g Milch, 1,5%
40 g Kokosraspel
1 geh. TL Backpulver
1 P. Vanillezucker
1 Prise Salz
200 g Weizenmehl, Type 405
150 g Rhabarber
etwas Puderzucker zum Bestäuben

1. Backofen auf 180°C Ober-/Unterhitze vorheizen. Eier, Zucker und Butter in den Mixtopf geben und **1 Min./37°C/Stufe 5** mixen. Restliche Zutaten (außer Rhabarber) zugeben und **10 Sek./Stufe 4** vermengen.

2. Rhabarber putzen und in feine Scheiben schneiden. Die Hälfte davon mit dem Spatel unter den Teig mischen. Teig in die gefettete Browniefom geben, glatt streichen und mit dem restlichen Rhabarber belegen.

3. Im vorgeheizten Backofen ca. 20-25 Min. backen. Vor dem Servieren mit Puderzucker bestäuben.

9 Stücke

Verfeinert mit BUTTERMILCH

Pro Stück: 239 kcal | 30 g KH | 3.5 g EW | 11 g Fett

Zitronen Aprikosen KUCHEN

ZUTATEN

2	Eier
100 g	Zucker
1 EL	Vanillezucker
100 g	Öl
1	Bio-Zitrone
50 g	Buttermilch
150 g	Weizenmehl, Type 405
1 geh. TL	Backpulver
5	Aprikosen
1-2 EL	brauner Zucker
etwas	Puderzucker

1. Backofen auf 180°C Ober-/ Unterhitze vorheizen. Eier, Zucker, Vanillezucker und Öl in den Mixtopf geben und **30 Sek./Stufe 5** mixen. Zitrone heiß waschen, Schale fein abreiben und Saft auspressen.

2. Zitronensaft, Zitronenschalenabrieb, Buttermilch, Mehl und Backpulver in den Mixtopf zugeben und **20 Sek./Stufe 4** vermengen. Teig in die gefettete Brownieform geben und glatt streichen. Aprikosen halbieren, Kerne entfernen und mit der Schnittfläche nach oben auf den Teig legen.

3. Kuchen mit braunem Zucker bestreuen und im vorgeheizten Backofen ca. 20-25 Min. backen. Mit Puderzucker bestäubt servieren.

9 Stücke

Pro Stück: 255 kcal | 29 g KH | 4 g EW | 13.5 g Fett

APFEL KUCHEN

mit Sahnehaube

ZUTATEN

1	Ei
60 g	Butter
60 g	Zucker
150 g	Weizenmehl, Type 405
1 TL	Backpulver

FÜR DEN BELAG

2	Äpfel
1 TL	Zitronensaft
250 g	Milch, 1,5% oder Apfelsaft
2 EL	Zucker
1 P.	Vanillepudding-pulver
200 g	Sahne
1 TL	Vanillezucker
etwas	Backkakao

1. Backofen auf 180°C Ober-/Unterhitze vorheizen. Alle Teigzutaten in den Mixtopf geben und **20 Sek./Stufe 4** vermengen. Teig auf die Arbeitsfläche geben und mit den Händen kurz durchkneten. Auf der bemehlten Arbeitsfläche etwas größer als die Brownieform ausrollen. Form fetten, Teig hineingeben und einen kleinen Rand hochziehen. Mixtopf spülen.

2. Äpfel vierteln und Kerngehäuse herausschneiden. Zusammen mit Zitronensaft im Mixtopf **3 Sek./Stufe 5** zerkleinern. Umfüllen.

3. Milch, Zucker und Vanillepuddingpulver im Mixtopf **3-4 Min./90°C/Stufe 3** aufkochen. Äpfel zugeben und mit dem Spatel vermengen. Masse auf den Teig geben und im vorgeheizten Backofen ca. 20-30 Min. backen. Sahne mit Vanillezucker steif schlagen (siehe S. 9) und auf den abgekühlten Kuchen streichen. Mit etwas Kakaopulver bestäuben!

9 Portionen

Kleine Donau-WELLE

ZUTATEN

- 2 Eier
- 120 g Zucker
- 1 EL Vanillezucker
- 120 g weiche Butter
- 150 g Milch, 1,5%
- 200 g Weizenmehl, Type 405
- 1 geh. TL Backpulver
- 2 EL Backkakao
- 1 kl. Glas Schattenmorellen (Abtr.gew. 185 g)

AUSSERDEM

- 300 g Sahne
- 1 P. Sahnesteif
- 1 EL Zucker
- etwas Backkakao

1. Backofen auf 180°C Ober-/Unterhitze vorheizen. Eier, Zucker, Vanillezucker und Butter in den Mixtopf geben und **30 Sek./Stufe 5** mixen. 100 g Milch, Mehl und Backpulver zugeben und **10 Sek./Stufe 4** vermengen. Die Hälfte des Teiges in die gefettete Brownieform geben und glatt streichen.

2. Kakao und 50 g Milch zum restlichen Teig in den Mixtopf geben und **5 Sek./Stufe 4** vermengen. Mit dem Spatel nach unten schieben und noch einmal **10 Sek./Stufe 4** vermengen.

3. Dunklen Teig auf den hellen Teig geben, glatt streichen und mit den abgetropften Kirschen belegen. Im vorgeheizten Backofen ca. 20-30 Min. backen. Mixtopf spülen.

4. Nachdem der Kuchen vollständig abgekühlt ist, Sahne mit Sahnesteif und Zucker in den Mixtopf geben. **Rühreinsatz einsetzen** und auf **Stufe 3.5** unter Sichtkontakt steif schlagen. Auf den Kuchen streichen oder spritzen und mit Kakaopulver bestäuben.

Tipp zum Sahne schlagen:
Die Sahne muss direkt aus dem Kühlschrank kommen und der Mixtopf sollte vorher kalt ausgespült und getrocknet werden.

Pro Portion: 380 kcal | 36 g KH | 6 g EW | 23 g Fett

9 Portionen

POKE CAKE

Very Berry!

Pro Portion: 363 kcal | 42 g KH | 6 g EW | 19 g Fett

ZUTATEN

3	Eier
100 g	Zucker
20 g	Vanillezucker
90 g	Öl
110 g	Zitronenlimonade
240 g	Weizenmehl, Type 405
2 gestr. TL Backpulver	

FÜR DIE BEERENMASSE

150 g	Heidelbeeren
150 g	Himbeeren
2 EL	Zitronensaft
1 EL	Zucker
1 EL	Speisestärke

FÜR DIE CREME

300 g	Schmand
2 EL	Puderzucker

1. Backofen auf 180°C Ober-/Unterhitze vorheizen. Eier, Zucker, Vanillezucker und Öl in den Mixtopf geben und **20 Sek./Stufe 5** mixen. Restliche Teigzutaten zugeben und **10 Sek./Stufe 3.5** mixen. Teig in die gefettete Brownieform gießen und im vorgeheizten Backofen ca. 20-25 Min. backen. Mixtopf spülen.

2. In der Zwischenzeit Zutaten für die Beerenmasse im Mixtopf **3-4 Min./80°C/Stufe 2** aufkochen.

3. In den Kuchenteig mit dem Stiel von einem Kochlöffel Löcher einstechen (s. Bild) und diese mit der Beerenmasse füllen. Restliche Beerenmasse (außer 2 EL) auf dem Kuchen verstreichen. Abkühlen lassen.

4. Für die Creme Schmand mit Puderzucker in einer Schüssel verrühren. Auf den Kuchen streichen und restliche Beerenmasse darauf klecksen.

9 Portionen

Lecker mit

BANANE & NUTELLA

Pro Portion: 485 kcal | 41 g KH | 8 g EW | 31 g Fett

DARK CHOCOLATE Poke Cake

ZUTATEN

200 g	Zartbitterschokolade (70% edelherb)
125 g	Butter, in Stücken
150 g	Zucker
4	Eier
50 g	Weizenmehl, Type 405
1 geh. TL	Backpulver

FÜR DEN BELAG

250 g	Milch, 1,5%
20 g	Zucker
1 P.	Vanillepudding-pulver
2	Bananen
1 EL	Zitronensaft
200 g	Sahne
1-2 EL	Nuss-Nougat-Creme

1. Backofen auf 180°C Ober-/Unterhitze vorheizen. Schokolade in Stücken in den Mixtopf geben und **10 Sek./Stufe 7** reiben. Butter zugeben und **4 Min./50°C/Stufe 1** schmelzen. Zucker und Eier zugeben und **10 Sek./Stufe 5** vermengen. Mehl und Backpulver hinzufügen und **10 Sek./Stufe 4** verrühren. Teig in die gefettete Brownieform füllen.

2. Im vorgeheizten Backofen ca. 20 Min. backen. Kuchen 5 Min. abkühlen lassen. Mixtopf spülen. Mit dem Stiel von einem Kochlöffel Löcher einstechen (bis zum Boden).

3. Milch, Zucker und Vanillepudding-pulver in den Mixtopf geben und **3-4 Min./90°C/Stufe 3** aufkochen. Auf den Kuchen geben und mit einem Spatel glatt streichen, dabei den Pudding in die Löcher drücken. Kuchen vollständig abkühlen lassen.

4. Bananen in Scheiben schneiden und mit Zitronensaft mischen. Sahne steif schlagen (siehe S. 9) und auf den abgekühlten Kuchen streichen. Mit Bananenscheiben belegen und mit Nuss-Nougat-Creme beträufeln.

Noch besser mit Schoko-Cookies als Topping!

9 Portionen

Pro Portion: 363 kcal | 43 g KH | 5 g EW | 18 g Fett

Tropical Piña Colada SCHNITTEN

ZUTATEN

2 Eier
125 g Zucker
75 g Öl
225 g Weizenmehl, Type 405
2 gestr. TL Backpulver
125 g Ananassaft (Dose)

AUSSERDEM

1 Dose Ananasstücke (Abtr.gew. 340 g)
200 g Sahne
1 TL Vanillezucker
2 EL Kokosraspel

ZUM TRÄNKEN

20 g Rum (weiß o. braun)
50 g gezuckerte Kondensmilch
40 g Kokosmilch, cremig

1. Backofen auf 180°C Ober-/Unterhitze vorheizen. Ananas abtropfen lassen und Saft dabei auffangen.

2. Eier, Zucker und Öl in den Mixtopf geben und **20 Sek./Stufe 5** mixen. Restliche Teigzutaten zugeben und **10 Sek./Stufe 4** mixen. Teig in die gefettete Brownieform geben. Die Hälfte der Ananasstücke auf den Teig geben. Im vorgeheizten Backofen ca. 25 Min. backen.

3. In der Zwischenzeit Rum, Kondensmilch und Kokosmilch in einer Tasse verrühren. Den Kuchen nach dem Backen 5 Min. abkühlen lassen und mit dem Stiel von einem Kochlöffel in den Teig einstechen. Die Rum-Kokos-Mischung in die Löcher gießen. Kuchen vollständig abkühlen lassen.

4. Mixtopf spülen und **Rühraufsatz einsetzen.** Sahne mit Vanillezucker in den Mixtopf geben und auf **Stufe 3.5** unter Sichtkontakt steif schlagen. Sahne auf den Kuchen streichen. Mit den restlichen Ananasstücken belegen und mit Kokosraspel bestreuen.

9 Portionen

Schmeckt am nächsten Tag
NOCH BESSER

HONIG KUCHEN

mit Waldbeeren

ZUTATEN

2	Eier
40 g	brauner Zucker
120 g	Butter, in Stücken
80 g	Honig, flüssig
40 g	zarte Haferflocken
einige Tropfen	Rumaroma
170 g	Weizenmehl, Type 405
2 TL	Backpulver
30 g	Milch, 1,5%

FÜR DEN BELAG

300 g	Waldbeeren-mischung, TK
50 g	Mandelblättchen
2-3 EL	brauner Zucker
etwas	Puderzucker zum Bestäuben

1. Backofen auf 180°C Ober-/Unterhitze vorheizen. Eier, Zucker und Butter in den Mixtopf geben und **30 Sek./Stufe 5** mixen. Honig, Haferflocken und Rumaroma zugeben und **20 Sek./Stufe 4** vermengen. Mehl, Backpulver und Milch zugeben und **10 Sek./Stufe 4.5** mixen.

2. Teig in die gefettete Brownieform geben, glatt streichen und mit der Waldbeerenmischung belegen. Mandelblättchen darüber geben und großzügig mit braunem Zucker bestreuen.

3. Im vorgeheizten Backofen ca. 35 Min. backen. Vor dem Servieren mit Puderzucker bestäuben.

Pro Portion: 313 kcal | 34 g KH | 6 g EW | 16 g Fett

9 Portionen

Pro Portion: 255 kcal | 32 g KH | 4.5 g EW | 11 g Fett

Apfelmus-Joghurt-KUCHEN

FÜR DEN TEIG

90 g	weiche Butter
100 g	Zucker
1 TL	Vanilleextrakt
2	Eier
100 g	Naturjoghurt, 3,8%
175 g	Apfelmus
170 g	Weizenmehl, Type 405
25 g	Mandeln, gem.
2 TL	Backpulver
1 Prise	Salz

ZUM BESTREUEN

2 EL	brauner Zucker
1 TL	Zimt
etwas	Puderzucker

1. Backofen auf 180°C Ober-/Unterhitze vorheizen. Butter, Zucker, Vanilleextrakt, Eier, Joghurt und Apfelmus in den Mixtopf geben und **1 Min./Stufe 5** mixen. Restliche Zutaten zugeben und **10 Sek./Stufe 4** vermengen.

2. Teig in die gefettete Brownieform geben, glatt streichen und mit Zimt und braunem Zucker bestreuen. Im vorgeheizten Backofen ca. 20 Min. backen. Mit Puderzucker bestäubt servieren.

Am besten lauwarm GENIESSEN!

9 Portionen

Sommerlicher Maracuja KUCHEN

ZUTATEN

3 Eier
100 g Zucker
1 P. Vanillezucker
100 g Weizenmehl, Type 405
½ TL Backpulver

MARACUJASCHICHT

330 g Maracujasaft
2 EL Zitronensaft
2 P. Vanillepuddingpulver

Außerdem:
300 g Sahne
1 P. Sahnesteif
ein paar bunte Streusel

1. Backofen auf 200°C Ober-/Unterhitze vorheizen. **Rühraufsatz einsetzen.** Eier, Zucker und Vanillezucker in den Mixtopf geben und **15 Min./50°C/Stufe 4** rühren.

2. Mehl und Backpulver zugeben und **5 Sek./Stufe 3** unterrühren. Teig in die mit Backpapier ausgelegte Brownieform geben und ca. 10 Min. im vorgeheizten Backofen backen. Mixtopf spülen.

3. Für die Maracujaschicht alle Zutaten in den Mixtopf geben und **4 Min./90°C/Stufe 3** kochen. Maracuja-Pudding-Masse auf den Kuchen geben und glatt streichen. Gut abkühlen lassen.

4. Sahne mit Sahnesteif steif schlagen (siehe S. 9) und auf den abgekühlten Kuchen streichen. Kurz vor dem Servieren mit bunten Streuseln bestreuen.

Pro Portion: 246 kcal | 30 g KH | 4.5 g EW | 12 g Fett

9 Portionen

Pro Portion: 338 kcal | 35 g KH | 5 g EW | 20 g Fett

Haselnuss Zucchini KUCHEN

ZUTATEN

200 g	Zucchini, in Stücken
70 g	Butter
2	Eier
140 g	Zucker
1 TL	Vanillezucker
½ TL	Zimt
100 g	Weizenmehl, Type 405
80 g	Haselnüsse, gem.
2 TL	Backpulver

Zum Verzieren:

150 g	Schokoladenkuvertüre

1. Backofen auf 180°C Ober-/Unterhitze vorheizen. Zucchini im Mixtopf **3 Sek./Stufe 5** zerkleinern. Mit dem Spatel nach unten schieben und noch einmal **3 Sek./Stufe 5** zerkleinern. Umfüllen.

2. Butter, Eier, Zucker, Vanillezucker und Zimt in den Mixtopf geben und **20 Sek./Stufe 5** mixen. Zucchini und restliche Zutaten zugeben und **12 Sek./Stufe 4** vermengen.

3. Teig in die gefettete Brownieform geben und im vorgeheizten Backofen ca. 20-25 Min. backen.

4. Den Kuchen abkühlen lassen und mit Schokoladenguss überziehen.

TIPP

Schokolade schmelzen im Thermomix:
Kuvertüre in einen Gefrierbeutel geben und diesen verknoten. Den Beutel nun in den Gareinsatz legen. 500 g Wasser in den Mixtopf füllen, Gareinsatz mit Schokolade einsetzen und **8 Min./Varoma/Stufe 1** schmelzen. Danach eine kleine Ecke des Gefrierbeutels abschneiden und den Kuchen nach Belieben damit verzieren.

6 Portionen

Schoko-ERDBEER BROWNIE

Pro Portion: 419 kcal | 32 g KH | 6 g EW | 29 g Fett

FÜR DEN TEIG

60 g	Zucker
1	Ei
1 Prise	Salz
60 g	Öl
75 g	Milch, 1,5%
100 g	Weizenmehl, Type 405
25 g	Backkakao
1 TL	Backpulver

FÜR DEN BELAG

200 g	Sahne
1 P.	Vanillezucker
1 P.	Sahnesteif
100 g	Crème fraîche
40 g	Raspelschokolade, zartbitter
250 g	Erdbeeren, halbiert
etwas	Pistazienkerne, gehackt

1. Backofen auf 180°C Ober-/Unterhitze vorheizen. Zucker, Ei, Salz, Öl und Milch in den Mixtopf geben und **30 Sek./Stufe 5** mixen. Mehl, Backkakao und Backpulver zugeben und **10 Sek./Stufe 4** vermengen.

2. Teig in die gefettete Brownieform geben, glatt streichen und im vorgeheizten Backofen ca. 15 Min. backen.

3. Mixtopf spülen und **Rühraufsatz einsetzen**. Sahne, Vanillezucker und Sahnesteif in den Mixtopf geben und auf **Stufe 3** steif schlagen. Crème fraîche und Raspelschokolade zugeben und **5 Sek./Stufe 3** unterrühren. Creme auf den abgekühlten Kuchen streichen und mit Erdbeeren belegen. Mit Pistazienkernen bestreut servieren.

9 Portionen

Pro Portion: 312 kcal | 42 g KH | 5 g EW | 13 g Fett

BANANEN BROT

mit Schokolade

ZUTATEN

2	Eier
100 g	brauner Zucker
½ TL	Zimt
1 TL	Vanillezucker
80 g	Öl
60 g	Milch, 1,5%
3	Bananen, sehr reif
200 g	Weizenmehl, Type 405
2 gestr. TL	Backpulver
1 TL	Natron
75 g	Zartbitterschokolade
etwas	Puderzucker zum Bestäuben

1. Backofen auf 180°C Ober-/Unterhitze vorheizen. Eier, Zucker, Zimt, Vanillezucker, Öl und Milch in den Mixtopf geben und **20 Sek./Stufe 5** mixen. Bananen in Stücken zugeben und **10 Sek./Stufe 5** mixen. Mehl, Backpulver und Natron zugeben und **10 Sek./Stufe 4** vermengen.

2. Zartbitterschokolade mit einem Messer grob hacken und mit dem Spatel unter den Teig rühren.

3. Teig in die gefettete Brownieform geben und im vorgeheizten Backofen ca. 25-30 Min. backen. Vor dem Servieren mit etwas Puderzucker bestäuben.

9 Portionen

Ungarischer QUARKKUCHEN

ZUTATEN

2	Eier
150 g	Zucker
120 g	Öl
120 g	Milch, 1,5%
300 g	Weizenmehl, Type 405
2 TL	Backpulver
1 kl. Glas	Sauerkirschen (Abtr.gew. 185 g)

FÜR DEN GUSS

150 g	Magerquark
1	Ei
etwas	Puderzucker zum Bestäuben

1. Backofen auf 180°C Ober-/Unterhitze vorheizen. Eier, Zucker, Öl und Milch in den Mixtopf geben und **10 Sek./Stufe 5** mixen. Mehl und Backpulver zugeben und **12 Sek./Stufe 4** vermengen.

2. Teig in die gefettete Brownieform geben und mit den gut abgetropften Sauerkirschen belegen.

3. Mixtopf spülen. Quark und Ei im Mixtopf **15 Sek./Stufe 3.5** verrühren und als Kleckse auf den Kuchen geben. Im vorgeheizten Backofen ca. 40 Min. backen.

4. Den Kuchen vollständig abkühlen lassen. Vor dem Servieren mit Puderzucker bestäuben.

Pro Portion: 353 kcal | 47 g KH | 8 g EW | 14 g Fett

Lecker mit
SAUERKIRSCHEN

9 Portionen

Glutenfrei

Pro Portion: 421 kcal | 32 g KH | 9 g EW | 27 g Fett

AVOCADO SCHOKOBROWNIE

ZUTATEN

200 g	Zartbitterschokolade
40 g	Butter
2	gr. Avocados (ca. 250 g Fruchtfleisch)
200 g	Zucker
einige Tropfen	Bittermandelaroma
4	Eier
100 g	Mandeln, gem.
40 g	Backkakao
½ TL	Backpulver
1 Prise	Salz
etwas	Puderzucker zum Bestäuben

1. Backofen auf 180°C Ober-/Unterhitze vorheizen. Schokolade in Stücken in den Mixtopf geben und **7 Sek./Stufe 7** zerkleinern. Butter zugeben und **3 Min./60°C/Stufe 2** schmelzen.

2. Avocado, Zucker, Bittermandelaroma und Eier zugeben und **20 Sek./Stufe 5** mixen. Restliche Zutaten zugeben und **15 Sek./Stufe 4.5** vermengen.

3. In die gefettete Brownieform geben und im vorgeheizten Backofen 20 Min. backen. Vor dem Servieren mit etwas Puderzucker bestäuben.

9 Portionen

Giotto SCHNITTEN

Pro Portion : 273 kcal | 30 g KH | 5 g EW | 15 g Fett

Mit Nuss-Nougat-KLECKSEN

ZUTATEN

80 g	Butter
75 g	brauner Zucker
1 P.	Vanillezucker
1 Prise	Salz
2	Eier
50 g	Milch, 1,5%
160 g	Weizenmehl, Type 405
2 gestr. TL	Backpulver
6-8 TL	Nuss-Nougat-Creme
2 Stangen	Giottokugeln (18 Stück)
1-2 EL	Haselnusskrokant
etwas	Kakaopulver zum Bestäuben

1. Backofen auf 180°C Ober-/Unterhitze vorheizen. Butter, Zucker, Vanillezucker, Salz und Eier in den Mixtopf geben und **30 Sek./Stufe 5** mixen. Milch, Mehl und Backpulver zugeben und **10 Sek./Stufe 4** vermengen.

2. Die Hälfte des Teiges in die gefettete Browniefom geben. Nuss-Nougat-Creme mithilfe von 2 Teelöffeln klecksartig darauf verteilen. Restlichen Teig darüber geben und glatt streichen.

3. Nun Giottokugeln darauf verteilen und leicht eindrücken. Mit Haselnusskrokant bestreuen und im vorgeheizten Backofen 20 Min. backen. 10 Min. abkühlen lassen und Kuchen aus der Form nehmen. Mit Kakaopulver bestäubt servieren.

9 Portionen

Pro Portion: 474 kcal | 56 g KH | 9 g EW | 24 g Fett

Ricotta Heidelbeer KUCHEN

FÜR DEN TEIG

200 g	Butter, in Stücken
100 g	Zucker
1 TL	Vanillezucker
1	Ei
360 g	Weizenmehl, Type 405

FÜR DIE FÜLLUNG

250 g	Ricotta
90 g	Zucker
2	Eier
1 EL	Speisestärke
½	Limette, Saft davon
300 g	Heidelbeeren, TK

1. Backofen auf 180°C Ober-/Unterhitze vorheizen. Alle Teigzutaten in den Mixtopf geben und **10 Sek./Stufe 4** vermengen. Teigreste mit dem Spatel vom Mixtopfrand lösen und erneut **5 Sek./Stufe 4** zu Streuseln vermengen. Streusel in eine Schüssel umfüllen. Mixtopf spülen.

2. Die Hälfte der Streusel in eine gefettete Brownieform geben und am Boden andrücken.

3. Zutaten für die Füllung (außer Heidelbeeren) in den Mixtopf geben und **30 Sek./Stufe 4** mixen. Ricottamasse auf den Teig gießen und mit Heidelbeeren belegen. Im vorgeheizten Backofen 10 Min. vorbacken.

4. Ofentür kurz öffnen und die Streusel darüber geben. Nun 25 Min. fertig backen. Abkühlen lassen und mit etwas Puderzucker bestäubt servieren.

9 Portionen

Pro Portion: 255 kcal | 24 g KH | 10 g EW | 13.5 g Fett

KÄSE KUCHEN ohne Boden

ZUTATEN

1	Zitrone, unbehandelt
500 g	Magerquark
125 g	Butter
125 g	Zucker
3	Eier
etwas	Vanillearoma
50 g	Weizenmehl, Type 405
2 gestr.	TL Backpulver

ZUM BELEGEN

1 Dose	Mandarin-Orangen (Abtr.gew. 175 g)

1. Backofen auf 170°C Ober-/Unterhitze vorheizen. Zitrone heiß waschen und 1 TL Schale abreiben. Zusammen mit 1 EL Zitronensaft und den restlichen Zutaten in den Mixtopf geben und **30 Sek./Stufe 5** mixen.

2. Masse in die gefettete Brownieform geben, glatt streichen und mit abgetropften Mandarin-Orangen belegen.

3. Im vorgeheizten Backofen ca. 30-35 Min. backen. Bei leicht geöffneter Ofentür abkühlen lassen.

9 Portionen

Orangen Pistazien KUCHEN

ZUTATEN

100 g	Pistazienkerne, ungesalzen
1	Zitrone, unbehandelt
100 g	Butter
25 g	Öl
100 g	Zucker
3	Eier
125 g	Weizenmehl, Type 405
1 gestr. TL	Backpulver
etwas	Orangenschalenabrieb
etwas	Fleur de Sel
etwas	Puderzucker

1. Backofen auf 180°C Ober-/Unterhitze vorheizen. 75 g Pistazienkerne und ca. 1 TL Zitronenschalenabrieb in den Mixtopf geben und **10 Sek./Stufe 7** zerkleinern. Alles mit dem Spatel nach unten schieben. Saft der Zitrone auspressen und in den Mixtopf einwiegen, ggf. mit Wasser auf 60 g auffüllen. Dann **10 Sek./Stufe 2.5** zu einer Masse verrühren. Umfüllen.

2. Butter, Öl, Zucker und Eier zugeben und **30 Sek./Stufe 5** mixen. Pistazienmasse, Mehl und Backpulver zugeben und **10 Sek./Stufe 4** unterrühren. Teig in die gefettete Brownieform geben.

3. Orangenschalenabrieb mit Fleur de Sel in einem Schälchen vermengen und auf den Teig streuen. Restliche Pistazien klein hacken und ebenfalls auf den Kuchen streuen. Im vorgeheizten Backofen 15-20 Min. backen. Vor dem Servieren mit etwas Puderzucker bestäuben.

Pro Portion: 305 kcal | 25.5 g KH | 6 g EW | 19 g Fett

SWEET ROLLS
mit Himbeeren

Pro Portion: 464 kcal | 65 g KH | 10 g EW | 17 g Fett

9 Portionen

FÜR DEN TEIG

100 g Butter, in Stücken
200 g Milch, 1,5%
½ Würfel Hefe (20 g)
75 g Zucker
1 Prise Salz
520 g Weizenmehl, Type 405
2 Eier

FÜR DIE FÜLLUNG

200 g Doppelrahm-Frischkäse
2-3 EL Zucker
250 g Himbeeren

FÜR DEN GUSS

80 g Puderzucker mit 2-3 EL Zitronensaft in einem Schälchen anrühren.

1. Butter, Milch, Hefe und Zucker in den Mixtopf geben und **2 Min./37°C/Stufe 1** erwärmen. Restliche Teigzutaten zugeben und **2 Min./Teigstufe** kneten. Teig in eine Schüssel umfüllen und abgedeckt ca. 1 Std. gehen lassen.

2. Teig auf die bemehlte Arbeitsfläche geben und zu einem Rechteck 40 x 40 cm ausrollen. Mit Frischkäse bestreichen und mit Zucker bestreuen. Nun die Himbeeren darauf verteilen. Teig aufrollen und in 9 gleich große Stücke schneiden. Schnecken in die gefettete Brownieform setzen und abgedeckt weitere 20 Min. gehen lassen.

3. In dieser Zeit Backofen auf 180°C Ober-/Unterhitze vorheizen. Schnecken im vorgeheizten Backofen 20-25 Min. backen. Zum Schluss noch mit Zuckerguss überziehen.

9 Portionen

TIPP: Am besten lauwarm genießen mit etwas Vanillesoße oder einer Kugel Vanilleeis! Auch als Dessert für Gäste prima geeignet.

Apfelstrudel SCHICHTKUCHEN

ZUTATEN

200 g	Weichweizengrieß
200 g	Weizenmehl, Type 405
100 g	Puderzucker
1 P.	Backpulver
1 kg	Äpfel (z.B. Boskop)
1 TL	Zimt
100 g	Butter

TIPP

Die geriebene Apfelmasse sollte gut feucht sein. Also auch die Flüssigkeit mit verwenden und nicht abgießen!

1. Backofen auf 200°C Ober-/Unterhitze vorheizen. Grieß, Mehl, Puderzucker und Backpulver in den Mixtopf geben und **10 Sek./Stufe 3** vermengen. Umfüllen. Ein Drittel der trockenen Mischung in die Brownieform streuen, sodass der Boden bedeckt ist.

2. Äpfel vierteln und das Kerngehäuse entfernen. Äpfel zusammen mit Zimt in den Mixtopf geben und **5 Sek./Stufe 5** zerkleinern. Die Hälfte der Apfelmasse in die Brownieform geben.

3. Dann kommt eine weitere Schicht Trockenmischung und eine Schicht Äpfel darauf. Den Rest der Trockenmischung darüber streuen und kalte Butter dünn geschnitten darauf verteilen (siehe Bild).

4. Im vorgeheizten Backofen 30 Min. backen, dabei die letzten 10 Min. auf 160°C zurückdrehen, damit der Kuchen nicht zu dunkel wird.

Pro Portion: 342 kcal
55.5 g KH | 5 g EW | 10 g Fett

12 Portionen

Pro Portion: 329 kcal | 36 g KH | 5 g EW | 18 g Fett

ZEBRA KUCHEN

3	Eier
160 g	Zucker
130 g	Milch, 1,5%
1 P.	Vanillezucker
225 g	Butter, in Stücken
270 g	Weizenmehl, Type 405
1 geh. TL Backpulver	
50 g	Backkakao
40 g	Zucker
60 g	heißes Wasser
30 g	Milch, 1,5%
etwas	Puderzucker zum Bestäuben

1. Backofen auf 180°C Ober-/Unterhitze vorheizen. Eier, Zucker, Milch, Vanillezucker und Butter in den Mixtopf geben und **1 Min./Stufe 5** verrühren. Mehl und Backpulver zugeben und **20 Sek./Stufe 4** unterrühren. Die Hälfte des Teiges umfüllen.

2. Zum Teig im Mixtopf restliche Zutaten zugeben und **10 Sek./Stufe 4** vermengen. Mit dem Spatel nach unten schieben und noch einmal **5 Sek./Stufe 4** verrühren.

3. Brownieform fetten. Mit einem Löffel abwechselnd hellen und dunklen Teig in die Mitte der Brownieform geben, damit ein Zebra-Muster entsteht. Im vorgeheizten Backofen ca. 25-35 Min. backen. Vor dem Servieren mit etwas Puderzucker bestäuben.

12 Portionen

BLACK'N WHITE CAKE

FÜR DEN TEIG

150 g	Butter
3	Eier
etwas	Vanillearoma
130 g	Zucker
1 Prise	Salz
170 g	Weizenmehl, Type 405
2 gestr. TL	Backpulver
20 g	Speisestärke
30 g	Milch, 1,5%

FÜR DEN BELAG

250 g	Milch, 1,5%
20 g	Zucker
1 P.	Vanillepudding-pulver
250 g	Magerquark
375 g	rote Grütze
12	Butterkekse (z.B. Black'n White von Leibniz)

1. Backofen auf 180°C Ober-/Unterhitze vorheizen. Butter, Eier, Vanillearoma, Zucker und Salz in den Mixtopf geben und **30 Sek./Stufe 5** vermengen. Mehl, Backpulver, Speisestärke und Milch zugeben und **12 Sek./Stufe 4** verrühren.

2. Teig in die Brownieform geben, glatt streichen und im vorgeheizten Backofen ca. 20 Min. backen. Mixtopf spülen.

3. Für die Puddingschicht Milch, Zucker und Vanillepuddingpulver im Mixtopf **3-4 Min./90°C/Stufe 3** aufkochen. Mixtopfdeckel abnehmen und abkühlen lassen. Quark zugeben und **20 Sek./Stufe 3** unterrühren.

4. Kuchen aus dem Ofen nehmen und 10 Min. abkühlen lassen. Rote Grütze gleichmäßig darauf verteilen. Dann die Puddingcreme darauf streichen und Kuchen mit Keksen im Schachbrettmuster belegen (s. Bild). Für 2 Std. in den Kühlschrank stellen und dann erst in Stücke schneiden.

Pro Portion: 355 kcal | 44 g KH | 8 g EW | 16 g Fett

ZAUBER FORMEL

Gerne können Sie auch Kuchen aus der Springform oder vom Blech auf die Brownieform umrechnen. Als Menge dient der Richtwert von ca. 2-3 Eiern.
Hier ein Beispiel:

Menge für ein Blech

AMEISENKUCHEN

300 g	Butter
300 g	Zucker
2 P.	Vanillezucker
4	Eier
300 g	Mehl
3 gestr. TL	Backpulver
300 g	Eierlikör
150 g	Schokostreusel

150 g	Butter
150 g	Zucker
1 P.	Vanillezucker
2	Eier
150 g	Mehl
1 geh. TL	Backpulver
150 g	Eierlikör
75 g	Schokostreusel

WER EIN EIGENES REZEPT IM THERMOMIX HERSTELLEN MÖCHTE, SOLLTE IMMER FOLGENDES BEACHTEN:

Im ersten Schritt immer Eier, Butter bzw. Öl und Zucker sowie Vanillezucker in den Mixtopf geben und **1 Min./Stufe 5** verrühren.

Danach erst alle weiteren Zutaten zugeben wie Mehl und Backpulver (je nach Rezept auch: Kakao, Joghurt, Sahne, Rotwein, Eierlikör usw.) und **10-20 Sek./Stufe 4** unterrühren. Fertig!

Die Backzeit ist bei 180°C Ober-/Unterhitze in der Regel ca. 20-25 Minuten.

HINWEIS: Rühren Sie Mehl und Backpulver nie höher als auf **Stufe 5** unter, sonst kann der Kuchen innen "speckig" werden!